CATALOGUE

DES

OBJETS D'ART

DÉCORATIFS ET HISTORIQUES

Constituant la vie religieuse et profane

DES

Papes Bouddhistes de la Birmanie

Tabernacles — Coffres — Autels
Meubles — Colonnes
Divinités — Pièces symboliques — Manuscrits
Argenterie — Bague enrichie d'un grand saphir
Tentures brodées

Formant la précieuse collection de M. H....

ET DONT LA VENTE AURA LIEU

HOTEL DROUOT, SALLE N° 3

Le Jeudi 10 Juin 1886, à deux heures

M° Jules HUGUET	**M. A. BLOCHE**
COMMISSAIRE-PRISEUR	EXPERT
71, rue de la Victoire, 71	23, rue Chauchat, 23

EXPOSITION PUBLIQUE

Le Mercredi 9 Juin 1886, de 1 h. 1/2 à 5 h. 1/2.

CONDITIONS DE LA VENTE

Elle sera faite au comptant.

Les acquéreurs payeront en sus des enchères *cinq pour cent*, applicables aux frais.

L'exposition mettant le public à même de se rendre compte de l'état des objets, il ne sera admis aucune réclamation une fois l'adjudication prononcée.

Paris — Imprimerie de l'Art. E. Ménard et J. Augry,
41, rue de la Victoire, 41.

10 Juin 1886.

Collection de M. H...

OBJETS D'ART

DÉCORATIFS ET HISTORIQUES

CONSTITUANT

LA VIE RELIGIEUSE ET PROFANE

DES

PAPES BOUDDHISTES DE LA BIRMANIE

VENTE

HOTEL DROUOT, SALLE N° 3

Le Jeudi 10 Juin 1886, à 2 heures

M° JULES HUGUET	M. A. BLOCHE
COMMISSAIRE-PRISEUR	EXPERT
71, rue de la Victoire, 71	23, rue Chauchat, 23

EXPOSITION PUBLIQUE

Le Mercredi 9 Juin 1886, de 1 h. 1/2 à 5 h. 1/2

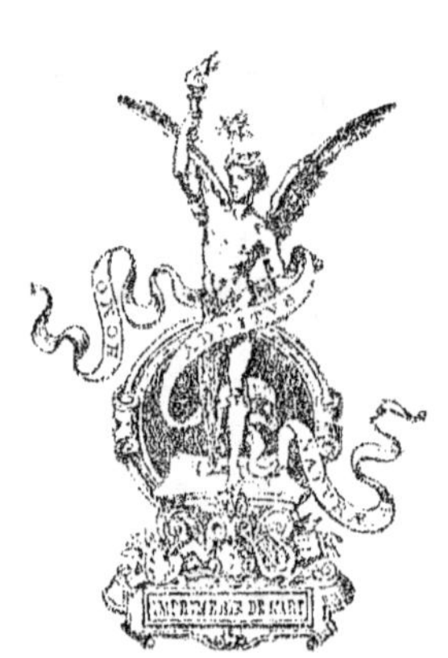
IMPRIMERIE DE KARI

DÉSIGNATION DES OBJETS

MEUBLES SACRÉS ET D'USAGE — OBJETS D'ART

1 — Tabernacle servant à renfermer les manuscrits sacrés des prêtres (ponky).

Très belle pièce d'aspect architectural, en bois sculpté, fond doré orné de paillettes et de paillons fond rubis. Les panneaux, en ressaut, sont décorés de branchages enlacés, et les encadrements présentent des suites d'arabesques. Le tabernacle est couronné par la divinité *Gaudama*, assise sur un trône en laque dorée et abritée sous un baldaquin d'un grand style, dessin à enroulements feuillagés, orné également de paillettes scintillantes.

Ce meuble provient du grand monastère de Mandalay. Il avait été offert par le dernier roi de Birmanie au pape bouddhiste.

2 — Tabernacle servant à renfermer les manuscrits sacrés des prêtres (ponky).

Meuble remarquable de forme monumen-
tale, en bois sculpté et doré, enrichi de
paillettes et de paillons, s'ouvrant à deux
portes, offrant, en outre, des divinités enca-
drées d'ornements. Il est couronné par la
divinité Gaudama, en bronze doré, époque
primitive, se détachant sur un fond en pers-
pective, en bois doré, scintillant de paillons
et de paillettes d'un effet très caractéristique.

Ce meuble provient d'Amarapoura, ancienne ville sacrée de la Birmanie, aujour-
d'hui renommée par ses ruines intéressantes.
Il appartint aux anciens papes bouddhistes
d'Amarapoura, qui se le léguèrent successi-
vement.

3-4 — Deux coffres servant à renfermer les
indulgences [1] délivrées par les différents
papes d'Ava, d'Amarapoura et de Mandalay
aux fidèles repentants.

Il offre sur la façade, à fond d'or orné
de petits carrelages de glaces, des figures
symboliques aux légendes bouddhistes.

1. Les indulgences étaient décrites, à l'aide d'un poinçon, sur des
feuilles de palmier.

5-6 — Deux meubles sacrés servant à renfermer les subsistances offertes par les fidèles aux prêtres (ponky).

Tout en bois sculpté et doré, offrant des sujets symboliques de légendes bouddhistes et des ornements. Datant d'une époque très reculée, ont passé du monastère d'Ava, ancienne ville sacrée, au monastère d'Amarapoura et de là ont été transportés, par les soins du pape bouddhiste, au grand monastère de Mandalay.

7 — Coffre servant à renfermer des *ex-voto* des fidèles, en bois sculpté et doré, représentant, sur la façade et sur les côtés, les légendes de la vie de Gaudama.

Ce meuble ancien provient d'Amarapoura et appartenait au pape bouddhiste de Mandalay.

8 — Autel en forme de temple (kian), en bois rougi, rehaussé d'or et orné de petites glaces étamées. Il renferme la divinité Gaudama, en bois de Teck enrichi de paillettes.

Il était placé dans l'oratoire du pape bouddhiste de Mandalay.

9 — Groupe légendaire se trouvant devant tous les monastères bouddhistes de Birmanie. Il se présente sous la forme d'une colonne dorée et ornée de paillettes, au pied de laquelle sont placées, de chaque côté, des figures symboliques, des esprits protecteurs (naths) et, aux extrémités, un personnage vénéré, devenu légendaire, et l'éventail sacré (thy) qui couronne la flèche de chaque monastère de la Birmanie. En haut se détache le paon sacré et devant tombe un oriflamme de triomphe.

10 — Couronnement d'autel ayant la forme d'un monastère (kian), en bois sculpté et étamé, datant de l'époque primitive, ayant passé par Ava et Amarapoura, conservé religieusement par le dernier pape bouddhiste de Mandalay, dans son oratoire. Il a été remonté sur un socle en bois de Teck, représentant un monastère orné d'un bas-relief très ancien provenant d'un tabernacle d'Ava.

11 — Groupe en albâtre rehaussé de peinture et d'or, représentant la divinité Gaudama, couchée dans l'attitude de la béatitude, et deux prêtres (ponky) en adoration, placés à ses

côtés. Ce groupe est monté sur un socle en bois sculpté, doré et orné de paillettes en forme de *kadin* ou divan.

Ce groupe provient de l'oratoire du pape bouddhiste à Mandalay, qui en avait hérité de son prédécesseur d'Amarapoura.

12 — Deux éventails de prêtres en feuille de palmier.

13 — Lit en bois sculpté, laqué et doré, orné de glaces étamées, d'un brillant effet décoratif. Travail ancien. Il a servi à plusieurs papes.

14 — Tabernacle servant aux manuscrits sacrés, en bois sculpté et doré, enrichi de paillettes, surmonté de la divinité Gaudama, en laque noire et or, assise sous un baldaquin d'aspect architectural.

15 — Quatre colonnes décorant la chambre du pape bouddhiste, tout en glaces étamées, montées en bois doré et ornées de paillons simulant les pierres précieuses. Œuvre des artistes du monastère.

16 — Coffre très ancien, servant à renfermer les

aliments offerts par les fidèles au pape, en bois sculpté et doré, orné de glaces étamées.

17 — Vase en cuivre, servant à conserver l'eau à boire du pape. Posé sur un ancien support en bois sculpté, doré et garni de glaces étamées.

18 — Deux éventails sacrés, servant à abriter le pape dans ses tournées religieuses.

19 — Peau de daim sacré, sur laquelle le pape bouddhiste est tenu de s'asseoir pour rendre les bulles. Pièce très ancienne, ayant servi à plusieurs papes.

20 — Réduction de la plus grande cloche connue au monde, se trouvant à *Mingoun*, portée par deux personnages symboliques en bois sculpté, appelés boulous (mauvais génies).

21 — La Vie de Gaudama avec commentaires. Intéressant ouvrage manuscrit en trois volumes écrits sur feuilles de palmier, en langue birmane. Provient du dernier pape bouddhiste.

22 — Très intéressant manuscrit en langue

« gally », orné de décorations exécutées avec les plus grands soins. A été donné au pape bouddhiste par le roi Thibon, lors de son avènement au trône.

23 — Guitare en forme de jonque, ayant servi au monastère de Mandalay pour accompagner les chants religieux des *ponky*.

24 — Guitare en forme de crocodile, provenant également du grand monastère de Mandalay.

25 — Instrument en forme de bateau se jouant avec des baguettes, provenant du grand monastère de Mandalay.

26 — Deux *Nathes* (esprits protecteurs) en bois sculpté de Teck, provenant des ruines d'Ava. Reliques conservées par le dernier pape de Mandalay.

27 — Deux coupes ou gamelles à couvercle en bois sculpté et doré, orné de paillettes, ayant servi au pape de Mandalay.

28 — Table ronde et surbaissée en laque rouge,
à l'usage du pape bouddhiste.

29 — Boîte cylindrique à couvercle dômé pour
le bétel en laque fine, à petits dessins.

30 — Crachoir en laque, à petits dessins.

31 — Deux gourdes en terre, à panse côtelée,
accompagnées d'un gobelet en laque.

32 — Grande gamelle à compartiments, avec couvercle en laque rouge.

33 — Deux ornements forme de dragons en
bois sculpté, noir et or, provenant d'un autel,
trouvés dans les ruines d'Ava.

34 — Masque en marbre blanc, provenant d'une
statue de *Gaudama d'Ava*. Travail ancien et
qui fut conservé comme relique par le dernier pape dans son oratoire.

35 — Tête de *Gaudama* en marbre blanc, provenant d'une statue d'Ava, conservée par le
dernier pape de Mandalay.

36 — Deux magnifiques tentures tout en brode-

rie, représentant une légende sacrée du boud-
dhisme birman. Compositions de nombreuses
figures ; la bordure offre une suite d'oiseaux
et d'arabesques.

Œuvre des artistes du monastère de Mandalay.

BIJOUX

37 — Bague en or pur, enrichie d'un très gros et
beau saphir.

OBJETS EN ARGENT

TRAVAIL DE LA BIRMANIE

38 — Grande et belle vasque en argent repoussé
et ciselé, représentant des figures symboliques au culte bouddhiste, des fleurs et des
ornements. Travail ancien.

39 — Grande coupe à encens en argent repoussé,
représentant sur un fond à fleurs et ornements
des animaux symboliques. Travail ancien.

40 — Coupe à encens en argent repoussé et gravé,
bordures à fleurs et ornements. Travail
ancien.

41 — Coupe à sacrifice en argent repoussé et ciselé, décorée d'animaux symboliques et de figures légendaires. Travail ancien.

42 — Coupe-tripode en argent repoussé, avec ornements à jour. Travail ancien.

43 à 47 — Cinq boîtes cylindriques, avec couvercles, en argent repoussé. (Sera divisé.)

48 à 54 — Sept coupes à sacrifice de différentes formes et de diverses grandeurs en argent repoussé et gravé. (Sera divisé.)

55 — Boîte à encens, forme oblongue en argent repoussé. Travail ancien.

56 — Brûle-parfums avec couvercle en argent repoussé et gravé, fond quadrillé.

57 — Petite boîte octogone, avec couvercle en argent repoussé, décor arabesques et ornements.

58 — Petite boîte forme demi-circulaire en argent repoussé, décor arabesques et ornements.

www.ingramcontent.com/pod-product-compliance
Lightning Source LLC
LaVergne TN
LVHW010846180726
843502LV00009B/3729